COLLECTION G. B.

ESTAMPES

PIÈCES HISTORIQUES DU PREMIER EMPIRE

Portraits de Napoléon

LITHOGRAPHIES

GRAVURES ET EAUX-FORTES

AQUARELLES, DESSINS

Vente du Jeudi 19 Janvier 1899

Me Maurice DELESTRE	M. L. DUMONT
COMMISSAIRE-PRISEUR	EXPERT, MARCHAND D'ESTAMPES
Rue Saint-Georges, 5	*Rue Laffitte, 27*

PARIS — 1899

IMPRIMERIE MAULDE ET RENOU

MAULDE, DOUMENC & Cie

IMPRIMEURS DE LA COMPAGNIE DES COMMISSAIRES-PRISEURS

Rue de Rivoli, 144. — Paris

IMPRIMERIE MAULDE ET RENOU

MAULDE, DOUMENC & Cie

IMPRIMEURS DE LA COMPAGNIE DES COMMISSAIRES-PRISEURS

Rue de Rivoli, 144. — Paris

COLLECTION DE G. B.

ESTAMPES

Pièces historiques du Premier Empire

Portraits de Napoléon Ier

LITHOGRAPHIES

Charlet, Géricault, Lunois, Raffet

EAUX-FORTES MODERNES

Buhot, Ch. Jacque, Jacquemart, Waltner

CARICATURES, VUES, AFFICHES

DESSINS ET AQUARELLES

DONT LA VENTE AUX ENCHÈRES PUBLIQUES AURA LIEU

HOTEL DES COMMISSAIRES-PRISEURS

RUE DROUOT, No 9, SALLE No 8

Le Jeudi 19 Janvier 1899

A DEUX HEURES PRÉCISES

Par le ministère de Mr **Maurice DELESTRE**, Commissaire-Priseur
rue Saint-Georges, 5

Assisté de **M. L. DUMONT**, Expert, Marchand d'Estampes
rue Laffitte, 27

PARIS — 1899

CONDITIONS DE LA VENTE

Elle sera faite au comptant.

Les Acquéreurs paieront CINQ POUR CENT en sus des enchères.

L'Ordre du Catalogue sera suivi.

MM. les Amateurs pourront visiter la Collection chez M. L. DUMONT, 27, rue Laffitte, *pendant les huit jours qui précèdent la vente, de une heure à six heures du soir.*

M. L. DUMONT *se charge des commissions des personnes qui ne pourraient assister à la vente.*

MAULDE DOUMENC et Cie, imprimeurs de la Compagnie des Commissaires-Priseurs, rue de Rivoli, 144. 000—78075

DÉSIGNATION

ESTAMPES ANCIENNES ET MODERNES

ADAM (V.)

1 — Bataille de Wagram, d'après Langlois.

Très belle épreuve sur Chine.

ADELINE (J.)

2 — Vues de Rouen : Vue prise du Cours-la-Reine. — Cathédrale : Vue d'ensemble. — Palais de Justice. — Une Fontaine, etc.

Quinze pièces, très belles épreuves dont six en épreuves d'artiste.

AFFICHES

3 — Histoire de Napoléon, illustrée par Victor Adam, Horace Vernet et Bellangé. — La République dans les carrosses du Roi, par Quillenbois.

Six pièces.

ALAIS

4 — Champ de bataille de Preuss-Eylau, d'après Debret, en couleur.

Très belle épreuve.

ALIX

5 — Bonaparte, en couleur.

Très belle épreuve avant toute lettre.

ANONYME

6 — Mort de Poniatowski.

Deux petites pièces rondes, une à l'état d'eau-forte pure, l'autre coloriée. Très belles épreuves.

APPIAN (A.)

7 — Barques de pêche. — Escale à Collioure. — Une Moria à Bordiquier. — Soir d'Automne, etc.

Vingt-deux pièces, belles épreuves.

BALLIN (A.)

8 — Tombeau de Marie-Stuart. — London-Bridge. — Vues de Rouen et de la Tamise.

Vingt cinq pièces, très belles épreuves d'artiste.

BELLANGÉ (H.)

9 — 30 Mars 1814 (Siège de Paris).

Très belle épreuve. Rare.

BIDA (D'après)

10 — Sujets divers pour les Évangiles.

Trente pièces, très belles épreuves d'artiste.

BODMER (C.)

11 — Portraits de Chefs et Guerriers Sioux. — Paysages Sioux. — Scènes indiennes.

Treize pièces, très belles épreuves, en noir et en couleurs.

BOILLY (D'après)

12 — Trait héroïque, par PETIT.

Très belle épreuve.

BOILVIN (E.)

13 — Bivouac (Siège de Metz). — La Fortune. — Dentelière.

Trois pièces, très belles épreuves d'artiste.

BOISSIEU (DE)

14 — Les Pères du Désert. — Le Gué. — Joueurs de Boules. — Études, etc.

Treize pièces, très belles épreuves d'artiste sur Chine.

BOULIAN

15 — Portrait de Femme. — L'Amour Pilote. — Liseuse, d'après HENNER, etc.

Cinq pièces, très belles épreuves d'artiste.

BOUTELIÉ (L.)

16 — Simonetta, d'après POLLAIUOLO.

Très belle épreuve avant la lettre sur Chine.

BOUVIER (CH.)

17 — Les huit Époques de Napoléon, par un peintre d'histoire, d'après STEUBEN.

Très belle épreuve avant toutes lettres. Encadrée.

BROWNE (HENRIETTE)

18 — La Confession, d'après BIDA. — La Leçon d'hébreu, par LEVY, etc.

Trois pièces, belles épreuves.

BUHOT (FÉLIX)

19 — Une Matinée d'hiver au quai de l'Hôtel-Dieu. (Les Fiacres). (Catal. H. Béraldi, 23).

Très belle épreuve d'artiste du premier état. Très rare.

BUHOT (Félix)

20 — La Fête Nationale au boulevard de Clichy (127).

Deux pièces, très belles épreuves d'états différents.

21 — La place Pigalle (129).

Très belle épreuve avec marges symphoniques.

22 — Le Débarquement en Angleterre (130).

Très belle épreuve d'artiste. Encadrée.

23 — Une Jetée en Angleterre (132).

Très belle épreuve d'artiste avec marges symphoniques.

24 — Les Voisins de Campagne (148).

Très belle épreuve d'artiste avec marges symphoniques.

25 — Les Grandes Chaumières (150).

Très belle épreuve d'artiste.

26 — Les Bergeries (151).

Très belle épreuve sur papier essencé.

27 — Environs de Gravesend (157).

Très belle épreuve du 3e état sur papier essencé. Signée.

28 — Les Esprits des villes mortes (160).

Très belle épreuve d'artiste avec marges symphoniques rapportées.

29 — La Falaise.

Très belle épreuve d'artiste avec marges symphoniques, encadrée.

30 — Les petites Chaumières.

Très belle épreuve d'artiste. Encadrée.

31 — Pauca Paucis.

Très belle épreuve du 3e état. Signée. Avec marges symphoniques

BUHOT (Félix)

32 — L'Illustration nouvelle.

Très belle épreuve sur Japon.

33 — Zigzags d'un curieux.

Très belle épreuve sur Japon avec marges symphoniques.

BURNEY

34 — Portrait de Mme Adam.

Très belle épreuve sur Japon.

35 — La Vierge et l'Enfant Jésus, d'après un bas-relief du XVIe siècle.

Très belle épreuve d'artiste sur Chine. Signée.

CAMPBELL ET DIVERS

36 — Coffret. — Meubles. — Objets d'art et d'orfèvrerie.

Dix pièces, belles épreuves.

CARICATURE (Journal La)

37 — Trente-six pièces tirées du journal *La Caricature*, par Grandville, Traviès, etc.

Très belles épreuves sur Chine.

38 — Le Tems l'amène. — Poulaupair, gargotier. — La Chasse à la Liberté.

Neuf pièces, grandes planches, très belles épreuves sur Chine.

39 — Soixante-dix pièces tirées du journal *La Caricature*, par Grandville, Devéria, Traviès, etc.

Très belles épreuves non rognées.

40 — Le Jeu de Bague nuptiale, par Grandville. — Marche de la Banlieue, par Traviès. — Très humbles et très dévoués gardes nationaux.

Trois pièces, très belles épreuves.

CARICATURE (Journal La)

41 — Vingt-quatre pièces tirées du journal *La Caricature*, par Decamps, Forest, etc.

Très belles épreuves.

CHALLIOT

42 — Études et détails d'uniformes.

Quatre pièces.

CHARLET

43 — Napoléon porté en triomphe la veille d'Austerlitz.

Dessin à la mine de plomb, rehaussé de blanc.

44 — Le Soldat blessé et son chien léchant sa blessure.

Très belle épreuve, rare, encadrée.

45 — Napoléon à cheval à la lisière d'un bois. — Bataille de Leipsig, par Champion. — Grenadier, grande tenue.

Trois pièces, belles épreuves.

46 — Chant funèbre. — Tirailleurs. — Vous êtes deux braves. — J'suis pris de là. — Citoyen chef de brigade. — Charge de cuirassiers, etc.

Dix pièces.

47 — Costumes de l'ex-garde impériale : Sapeur mineur. — Fusilier grenadier. — Officier de lanciers, etc. (nos 13, 17, 20, 21, 22).

Sept pièces, très belles épreuves

48 — Suite de trente pièces de l'ex-garde impériale manquent les nos 4, 5, 9, 11, 14, 17, 21, 22, 29, 30.

Vingt pièces, très belles épreuves. Rares.

CHARLET

49 — Titres de romances : L'Hôtellerie. — L'Arabe et son coursier, etc.

Onze pièces, très belles épreuves.

50 — Planches de croquis, études, etc.

Cinq pièces, très belles épreuves.

51 — Le Drapeau. — Soyez plutôt maçon, si c'est votre métier. — Ils s'en vont. — Il faut en rire. — Gaspard l'avisé, etc.

Six pièces, très belles épreuves dont deux d'artiste.

52 — Ils sont les enfants de la France. — L'école du balayeur. — Vous croisez la baïonnette sur les vieux amis. — L'allocution.

Cinq pièces, très belles épreuves.

53 — Croquis à la manière noire.

Seize pièces, très belles épreuves avec la couverture de publication.

CHENAY (P.)

54 — John Brown, d'après Victor Hugo.

Très belle épreuve sur Chine. Très rare.

CHÉRET (J.)

55 — Catalogue de son exposition. — Affiches. — Couvertures de livres, etc.

Vingt-quatre pièces, dont plusieurs avant la lettre.

CHEVAUX, COURSES, VOITURES

56 — **Alfred de Dreux.** Cavalier. — Calèche attelée à la Daumont. — Chevaux à la promenade ; lithographies en couleurs.

Quatre pièces, très belles épreuves d'artiste.

CHEVAUX, COURSES, VOITURES

57 — **Alken.** Hunting phaëton.

Très belle épreuve coloriée, encadrée.

58 — **Alken.** Steeple-chase.

Très belle épreuve coloriée, encadrée.

59 — **Pollard.** The mail coach in a thunder storm.

Très belle épreuve coloriée, encadrée.

60 — **Raffet.** Les Béarnaises.

Très belle épreuve coloriée, encadrée.

COURTRY (Ch.)

61 — L'état-major autrichien devant le corps de Marceau, d'après J.-P. Laurens.

Très belle épreuve du 1er état. Signée.

62 — Surtout de table. — Vases. — Buires. — Drageoirs, etc.

Treize pièces de la collection du duc de Luynes, très belles épreuves d'artiste.

63 — Pièces doubles de la suite précédente.

Sept pièces, très belles épreuves.

64 — Statuette. — Bijoux. — Objets étrusques, etc.

Six pièces de la collection du duc de Luynes, très belles épreuves d'artiste.

COSTUMES

65 — Acteurs et Actrices, costumes de théâtre.

Dix-huit pièces, belles épreuves.

COSWAY (D'après)

66 — La Lecture, par Mrs Cosway.

Très belle épreuve d'artiste.

DAMOUR (Ch.)

67 — Souvenirs de voyage, d'après Chacaton.

Douze pièces, belles épreuves.

DAUMIER

68 — Cortège du commandant général des apothicaires.

Très belle épreuve, coloriée.

69 — Le Charenton ministériel.

Très belle épreuve, coloriée.

DEBUCOURT

70 — Napoléon Ier, en couleur.

Très belle épreuve, réenmargée. Rare.

DELAUNEY

71 — Vues de Paris : Le Pont-Neuf. — La Seine, vue prise du pont d'Austerlitz. — Le Pont de l'Hôtel-de-Ville. — Étude de fleurs, etc.

Cinq pièces, très belles épreuves d'artiste.

DESBOUTIN (M.).

72 — Son portrait dit à la pipe.

Très belle épreuve. Signée.

DETAILLE (D'après)

73 — Mon ancien régiment, par Boulard.

Très belle épreuve d'artiste sur parchemin. Signée.

DETAILLE, DE NEUVILLE

74 — Chasseur à cheval. — Trompette de dragons.

Deux pièces, en couleur.

DEVÉRIA

75 — Sujets de genre, lithographies.

Onze pièces, belles épreuves.

DIEN

76 — Austerlitz.

Très belle épreuve avant toutes lettres avec remarque sur Chine. Encadrée.

DIVERS

77 — Sujets de Batailles. — Caricatures, etc.

Huit pièces.

78 — Montereau, par BELLANGÉ. — L'Affaire de Claye, par E. LAMY, etc.

Dix pièces.

79 — Vues de Saint-Pétersbourg et de ses environs.

Trente-cinq pièces, belles épreuves.

80 — **Fumés.** Sujets modernes d'après DOUCET, DAUMIER, GAVARNI, etc.

Douze pièces.

81 — Eaux-fortes, Lithographies, Vignettes, par SCHEFFER, etc.

Vingt-trois pièces.

82 — Livraisons de publications illustrées, par DETAILLE, DE NEUVILLE, BÉRAUD, etc.

DOPTER (A Paris chez)

83 — L'heureux pressentiment. — Ils n'ont plus peur. — Ces B... là croient qu'il n'y a plus qu'à nous avaler.

Trois pièces, belles épreuves.

DUPLESSIS-BERTAUX (D'après)

84 — Bataille d'Iéna, par LEVACHEZ.

Très belle épreuve.

85 — Assassinat des Plénipotentiaires de Rastadt.

Très belle épreuve d'état à l'eau-forte pure. Encadrée.

86 — Scènes de Batailles.

Deux pièces, à l'état d'eau-forte pure.

FLAMENG (L.)

87 — Marino Faliéro, d'après DELACROIX. — Hassan et Namouna, d'après REGNAULT. — Un Infant, d'après VELASQUEZ, etc.

Cinq pièces, très belles épreuves dont quatre d'artiste.

GAILLARD (F.)

88 — La Vierge et l'Enfant Jésus, d'après BOTTICELLI.

Superbe épreuve d'artiste. Signée.

GAITTE

89 — Napoléon blessé devant Ratisbonne.

Très belle épreuve avant toute lettre à l'eau-forte sur Chine.

GAUTIER (L.)

90 — La Place Maubert. — Place du Châtelet. — Rue Saint-Julien-le-Pauvre. — Le Pont des Saints-Pères, etc.

Sept pièces, très belles épreuves dont six en épreuves d'artiste.

91 — Le Bassin de la Villette.

Très belle épreuve d'artiste avec remarque, sur Chine, avec dédicace.

GAVARNI

92 — Portrait de Mélingue (Catalogue d'Armelhault et E. Bocher, 50).

Très belle épreuve sur Chine. Très rare.

GÉRARD (D'après)

93 — Sapho, par Simon.

Belle épreuve.

GÉRARD FONTALLARD

94 — Bleuettes.

Onze feuilles de six sujets chacune, très belles épreuves coloriées.

GÉRICAULT

95 — Le Caisson renversé.

Belle épreuve. Rare. Encadrée.

96 — A party of Life Guards.

Très belle épreuve.

97 — Shipwreck of the Méduse.

Belle épreuve.

98 — Cheval mort dans la neige. — Le Giaour. — Lara blessé. — Cheval noir monté par un jockey.

Quatre pièces, très belles épreuves d'artiste dont deux sur Chine.

GIRARDET (D'après)

99 — Pacification de la Vendée.

Très belle épreuve avant toute lettre, à l'état d'eau-forte pure.

GRANDVILLE

100 — Parades; suite complète de dix pièces.

Très belles épreuves coloriées.

GROS (D'après)

101 — Bataille d'Eylau ; gravure à la manière noire.

Très belle épreuve avant toute lettre. Rare.

102 — Passage du mont Saint-Bernard, lithographie.

Très belle épreuve avant toute lettre.

GUÉRARD (H.)

103 — Le Port de Dieppe, clair de lune.

Très belle épreuve d'artiste.

104 — Tête de Négresse.

Trois pièces, états différents, dont un en couleurs.

105 — Chandelier. — Brûle-parfums. — Jade.

Trois pièces, très belles épreuves d'artiste.

HENRIQUEL-DUPONT

106 — Le Lieutenant général, comte Philippe de Ségur.

Très belle épreuve sur Chine.

HURET

107 — Louis de Bourbon, prince de Condé.

Très belle épreuve.

INGRES (D'après)

108 — La Semaine, par Haussoulier ; suite complète.

Très belles épreuves sur Chine.

109 — Jules César, par Salmon.

Superbe épreuve d'artiste. Signée.

110 — Portrait de Mme Devauçay, par Flameng. — Odalisque, par Haussoulier. — Petite fille au chevreau, par Dien, etc.

Cinq pièces, belles épreuves sur Chine.

ISABEY (D'après)

111 — Portrait de Mme Dugazon, par Monsaldy ; en couleur.

Très belle épreuve.

112 — Portrait de Marie-Louise, par Monsaldy ; en couleur.

Très belle épreuve.

113 — Inauguration du Port de Cherbourg, gravé par Piringer.

Très belle épreuve.

114 — La Distribution des Aigles, gravé par Malbeste.

Très belle épreuve d'artiste à l'eau-forte pure. Encadrée.

ISABEY ET VERNET

115 — Revue du général Bonaparte, premier Consul (an IX, 1800) ; gravé par Pauquet et Mécou.

Très belle épreuve. Encadrée.

JACQUE (Ch.)

116 — Femme tenant un seau (cat. Guiffrey, 5). — Joueur d'Orgue (21). — La Cruche cassée (27). — Mendiant (29), 2 ép. — Paysage (30). — Mendiant (31). Environs d'Asnières (35). — Paysage (38). — Deux Cochons (42). — Le Champ de Blé (44).

Onze pièces, très belles épreuves d'artiste sur Chine.

117 — Un Coin de Ferme (51). — Porte d'une Chaumière (52). Escalier (60). — Joueur de Guitare (64). Paysage d'hiver (66). — Récureuse (67). — Chaumières (69). — Maison rustique (72).

Huit pièces, très belles épreuves d'artiste sur Chine.

JACQUE (Ch.)

118 — Chaumière (84). — Troupeau de Porcs (85). — Femme faisant rentrer des Porcs (86). — Troupeau de Porcs sortant d'un bois (87). — Porte d'Auberge (88).

Cinq pièces, très belles épreuves d'artiste sur Chine.

119 — Porcs couchés (91). — Troupeau de Porcs (92). Paysage, soir (94). — Rémouleur (96).

Quatre pièces, très belles épreuves d'artiste sur Chine.

120 — Une Bourrasque (110). — Moulins à Montmartre (134). — Troupeau de Vaches (146). — Porte d'Auberge (156). — La Souricière (162). — Retour des Champs (210). — Deux jeunes Femmes lisant dans un parc (280).

Sept pièces, très belles épreuves d'artiste sur Chine.

121 — Moutons à l'abreuvoir ; grande planche en largeur.

Très belle épreuve d'artiste avec remarque sur parchemin. Signée.

JACQUEMART (Jules)

122 — Armures. — Selle et mors.

Deux pièces, très belles épreuves d'artiste.

123 — Bijoux de la collection du prince Czartoriski.

Deux pièces, très belles épreuves d'artiste.

124 — Huit Études et Compositions de fleurs ; suite complète.

Très belles épreuves.

125 — Vases. — Coupes et Aiguières en cristal de roche, etc., des Gemmes et Joyaux de la Couronne

Six pièces, très belles épreuves d'artiste.

JACQUEMART (JULES)

126 — Rembrandt vieux. — Souvenirs de Voyage. — Portrait d'Homme. — Le Bourgmestre de Leyde et sa Femme, etc.

Neuf pièces, belles épreuves.

127 — Le Liseur. — Amateurs de dessins ; d'après MEISSONIER. — La Veuve et l'Enfant, d'après REYNOLDS, etc.

Quatre pièces, très belles épreuves.

JACQUET (J.)

128 — Ex-Voto, d'après LARGILLIÈRE.

Très belle épreuve d'artiste sur Chine. Signée.

JAZET

129 — Le général Auguste Colbert, d'après GÉRARD.

Très belle épreuve. Encadrée.

130 — Portrait du général Lassalle, d'après GROS.

Très belle épreuve. Encadrée.

131 — Souvenir de l'Ile d'Elbe, d'après Horace VERNET.

Très belle épreuve avant toutes lettres. Encadrée.

JUGEL

132 — Napoléon Ier visite la tombe de Frédéric II, d'après DAHLING.

Très belle épreuve.

JUHEL

133 — Halte d'Infanterie, campagne d'Espagne (1823), lithographie originale.

Très belle épreuve d'artiste. Encadrée.

LAAGE (DE)

134 — Course de Chevaux. — Tête de Tigre. — Tigre couché, etc.

Six pièces, très belles épreuves d'artiste avec dédicace.

LAGUILLERMIE

135 — L'Etat-Major autrichien devant le corps de Marceau.

Très belle épreuve d'artiste sur Japon.

LALANNE (M.)

136 — Vue prise du pont de la Concorde.

Deux pièces, très belles épreuves d'artiste.

LALANNE (D'après)

137 — Cour de Ferme. — Le Port de Bordeaux. — Paysage, etc.

Sept pièces.

LANCELOT

138 — La Rochelle et son arrondissement.

Dix pièces, très belles épreuves, plus trente-quatre planches dans le texte.

LANÇON

139 — Près Bazeilles. — En Campagne. — Les Carriers, etc.

Cinq pièces, très belles épreuves, dont quatre d'artiste.

LE VACHEZ

140 — Napoléon, empereur, à cheval, suivi de son état-major ; en couleur.

Très belle épreuve d'artiste. Très Rare. Encadrée.

LITHOGRAPHIES, EAUX-FORTES MODERNES

141 — Sous ce numéro il sera vendu environ cinq cents Eaux-Fortes et Lithographies d'après les maîtres anciens et modernes.

LUNOIS (A.)

142 — Femmes arabes tissant un burnous.

Très belle épreuve sur Japon. Signée.

143 — Au Paradis.

Très belle épreuve. Signée.

144 — L'Adoration perpétuelle.

Très belle épreuve. Signée.

145 — Jeune Fille à l'écran.

Très belle épreuve sur papier pelure.

146 — Les Disciples d'Emmaüs.

Très belle épreuve sur Chine.

147 — Jeune Fille marocaine.

Épreuve sur Chine. Signée.

148 — Hollandaise de Volendam.

Très belle épreuve. Signée.

149 — La belle Tulipe.

Très belle épreuve sur Chine. Signée.

150 — Jeune Fille marocaine, assise, lithographie en couleurs.

Très belle épreuve du 1er état, sur Chine. Signée.

151 — Jeune Femme accoudée sur le dossier d'une chaise, lithographie en couleurs.

Très belle épreuve sur papier pelure. Signée.

LUNOIS (A.)

152 — Jeune Femme debout près d'une fenêtre, en couleurs.

Très belle épreuve sur Japon.

153 — Le Vin, d'après Lhermitte.

Très belle épreuve avec remarque sur Japon. Signée.

MARCENAY DE GHUY (A. de)

154 — Le Vicomte de Turenne.

Très belle épreuve avant toutes lettres.

MARTIAL

155 — Théâtre du Vaudeville. — Rue du Croissant. — Rue des Colonnes. — Maison Jullien.

Quatre pièces, très belles épreuves d'artiste sur Japon.

156 — Les Cancalaises, d'après Feyen-Perrin.

Très belle épreuve d'artiste avec remarque sur Chine. Signée.

157 — Les Cagnards de l'Hôtel-Dieu. — Rue Sainte-Marthe. — Rue de Lourcine. — Paysages, d'après Chintreuil, etc.

Quatorze pièces, très belles épreuves d'artiste.

158 — Jeune Citoyen de l'an V, d'après Goupil.

Très belle épreuve d'artiste sur Japon.

MARTINET (A Paris chez)

159 — Les Adieux de Fontainebleau, en couleur.

Très belle épreuve.

MARTINET, NAUDET (D'après)

160. — Superbe Feu d'artifice à l'occasion du glorieux avènement de Napoléon 1er. — Grand Trait de générosité de l'Empereur des Français et Roi d'Italie. — Entrée des Français dans Varsovie. — Prise de la ville de Stettin. — Entrevue de l'Empereur des Français et de l'Empereur de Russie. — Arrivée de l'Empereur Napoléon-le-Grand à la basilique de Notre-Dame-de-Paris. — Entrée triomphale des français dans la ville de Madrid. — Siège la ville de Roses. — Affaire de Mataro. — Prise du Trocadéro. — Grande Parade, cour du Palais des Thuilleries. — Vue du Camp de l'armée prussienne à Lomverborg. — Défense de Paris. — Batailles de Lubeck, Iéna, Burgos, Tudela, Somo-Sierra, Espinosa, Enzersdorff, Eckmuhl. — Combats de Wignoensdorf, Saalfeld, Elvina, Saint-Vincente, Salvatierra, Blücher à Leipsig.

Vingt-sept pièces.

MARVY

161 — Paysages, Vues, Marines, etc.

Cent soixante et onze pièces, très belles épreuves.

MASSARD (L.)

162 — Jeune Veuve, d'après Greuze.

Très belle épreuve d'artiste avec remarque sur Chine.

MEISSONNIER (A.)

163 — Boîtes de montres. — Tabatières. — Surtout de table. Terrine, etc.

Six pièces, belles épreuves.

MONNET (D'après)

164 — Institution de la Légion d'Honneur, gravé par David.

Très belle épreuve avant toutes lettres.

MONSALDI

165 — Parade dans la cour des Tuileries, d'après Garbizza, en couleur.

Très belle épreuve.

MORET

166 — Bonaparte Premier Consul, en couleur, d'après Appiani.

Très belle épreuve.

MUCHA

167 — Sarah Bernhardt dans *La Princesse lointaine*, lithographie en couleur.

Belle épreuve encadrée.

168 — Le Zodiaque, lithographie en couleur.

Belle épreuve encadrée.

NEUVILLE (DE)

169 — Croquis militaires; suite complète dans la couverture de publication.

Vingt pièces, très belles épreuves.

NAUDET (D'après)

170 — Batailles de Lutzen, Vurtchen, Bautzen, Wagram, Dresde, Wachau, Leipsick, Hanau.

Huit pièces, très belles épreuves. Très rares.

NAUDET (D'après)

171 — Entrée de Sa Majesté Napoléon Ier dans Berlin, par Le Beau.

Très belle épreuve.

172 — Cortège de Sa Majesté l'Empereur Napoléon Ier à l'ouverture du Corps législatif, par Le Beau.

Très belle épreuve.

PANNIER

173 — Napoléon Ier Empereur.

Très belle épreuve avant toutes lettres,

PHOTOGRAPHIES

174 — Portraits et Tableaux de l'École ancienne, Objets d'art, Bijoux, etc.

Seize pièces.

PORTRAITS

175 — **Aubry Lecomte**. Le Comte de Sèze.

Très belle épreuve avant toutes lettres sur Chine.

176 — Jourdan, général en chef de l'armée du Danube; dans un médaillon entouré d'une couronne de chêne et de lauriers.

Très belle épreuve. Rare.

177 — Mme de Cagliostro.

Très belle épreuve, avant la lettre.

178 — La même, portrait différent; coiffée d'un chapeau garni de plumes et de perles.

Très belle épreuve avant toutes lettres.

179 — Mme de Courville.

Très belle épreuve.

PORTRAITS

180 — Mme Bonaparte. — Mme la Duchesse de Berry. — Melle Bigottini, etc.

Cinq pièces, belles épreuves.

POTERLET (H.)

181 — Intérieur du Cabinet de M. X...

Très belle épreuve d'artiste sur Japon.

PRUD'HON (D'après)

182 — Triomphe de Bonaparte, par MAURIN.

Très belle épreuve avant la lettre sur Chine.

RAFFET

183 — Waterloo ; grande lithographie originale.

Très belle épreuve. Très rare. Encadrée.

184 — Allocution aux troupes devant Augsbourg ; grande lithographie originale.

Très belle épreuve. Très rare. Encadrée.

185 — La Némésis.

Très belle épreuve. Encadrée.

186 — Circassiens, Lesghines et Cosaques de la ligne.

Belle épreuve sur Chine.

187 — Tu as de l'honneur, tu as des principes. — Catalans sur la Rembla. — Citadine.

Trois pièces, belles épreuves.

ROCHEBRUNE, SAFFREY, BRUNET-DEBAINES

188 — Vues de Paris, Rouen, Besançon, Vitré, etc.

Dix-neuf pièces, très belles épreuves dont treize en épreuves d'artiste.

ROQUEPLAN

189 — Le doux Propos. — Les Pommes. — La Conversation. — La Récompense. — Sujets de genre, etc.

Sept pièces, belles épreuves.

ROUSSEAUX

190 — Portrait de Mme de Sévigné, d'après Nanteuil.

Superbe épreuve d'artiste sur Chine, avec dédicace.

RUGENDAS (J.-L.)

191 — Batailles de : Stockach (deux états), Verona, Mannheim, Zurich. — Mort du prince de Prusse, près de Saalfeld. — Batailles de : Iéna, Lubec, Friedland. — Siège de Saragosse. — Reprise de Landshout. — Prise de Ratisbonne. — Batailles de Wagram, Znaim. — Incendie de Moscou. — Retraite de Moscou. — Batailles de Leipsic, Hanau, Arcis. — Entrée de l'armée autrichienne à Naples. — Mort du duc Frédéric-Guillaume de Brunswic. — Scène après la bataille de Belle-Alliance. — Fuite de Napoléon dans la bataille de Belle-Alliance.

Vingt-cinq pièces, en couleur, très belles épreuves. Très rares.

RUOTTE

192 — Joachim Napoléon, roi de Naples et de Sicile, en couleur, d'après Gros.

Très belle épreuve.

SERGENT MARCEAU

193 — Portrait du général Marceau ; en couleur. Très rare.

Superbe épreuve.

TASSAERT (D'après)

194 — Napoléon en Égypte; scènes du poème de MM. Barthélemy et Méry; suite complète de huit pièces.

Belles épreuves sur Chine dans la couverture de publication.

TAUNAY (A Paris, chez)

195 — Représentation exacte du grand collier en brillants des sieurs Boëhmer et Bassenge (Procès du collier).

Très belle épreuve coloriée.

TOUSSAINT

196 — Vues de Rouen.

Dix pièces, belles épreuves dont six épreuves d'artiste sur Chine.

VERNET (D'après Carle)

197 — Bataille de Marengo, par Bellay.

Très belle épreuve avant la lettre sur Chine.

VERNET (D'après Horace)

198 — Portrait du général Foy, par Mauzaisse.

Très belle épreuve avant la lettre sur Chine.

VEYRASSAT

199 — Le Goûter des Moissonneurs. — Chevaux près d'un pont de bois. — Rentrée des foins. — Quatre Chevaux de halage au repos. — Cour de ferme, à Sannois, etc.

Vingt pièces, très belles épreuves d'artiste.

WALTNER (Ch.)

200 — Portrait de Meissonier, d'après lui-même ; grand in-fol. en travers.

Superbe épreuve d'artiste avec remarque sur parchemin, avec dédicace, encadrée.

201 — Master Lambton, d'après Lawrence.

Très belle épreuve sur Chine.

AQUARELLES ET DESSINS

ADAM (V.)

202 — Bataille de Stralsund.

Très beau dessin mine de plomb.

ANONYMES

203 — Apothéose, maquette de décor.

Aquarelle.

204 — Drapeaux et Étendards : Garde des Consuls, Infanterie légère. Infanterie de ligne, etc.

Sept aquarelles.

205 — Le Dauphin, fils de Louis XV, en uniforme de lieutenant-général de dragons.

Beau dessin à la sanguine.

BOILLY (L.)

206 — Portrait d'Homme.

Très beau dessin aux trois crayons. Encadré.

BOSIO

207 — Valet de pied sous le Directoire.

Aquarelle. Encadrée.

DRANER

208 — Volontaire garibaldien. — Général anglais. — Officier de lanciers. — Général autrichien.

Quatre aquarelles.

GRANDVILLE

209 — Études de physionomies.

Dessin à la plume. Encadré.

210 — Le Cric du Peuple.

Dessin à la plume. Encadré.

HUET (J.-B.)

211 — Chèvres couchées.

Dessin aux trois crayons. Encadré.

212 — Chèvres couchées.

Dessin aux trois crayons. Encadré.

HUET (Paul)

213 — La Corniche et ses environs, croquis de voyage.

Huit dessins à la mine de plomb.

LALANNE (Maxime)

214 — Dans un parc.

Fusain. Encadré.

215 — Un Pont dans un parc.

Fusain.

LALANNE (Maxime)

216 — Vue de Rouen.

Fusain.

217 — Études et croquis.

Vingt-six dessins, mine de plomb.

218 — Le Pont des Saints-Pères et le quai Voltaire.

Dessin à la mine de plomb, encadré.

PIRANESI

219 — Intérieur de Palais. — Galerie de Lions.

Deux dessins à la plume rehaussés de lavis.

RAFFET

220 — Deux Soldats d'infanterie légère assis sur leurs sacs.

Dessin au crayon noir. Encadré.

221 — Portrait de M. Legrand, chef d'escadron de spahis.

Aquarelle.

222 — Massacre des Polonais à Fischau.

Dessin à la sépia avec au dos plusieurs croquis et études au crayon noir. Encadré.

ROBERT-FLEURY, LELEUX

223 — Un Moine. — Le Goûter du pâtre. — Études de bergers. — Payanne assise. — Arabe, etc.

Neuf dessins au crayon noir, dont plusieurs rehaussés de pastel.

SAFFREY

224 — Un Voilier.

Aquarelle encadrée.

SAINT-FRANÇOIS

225 — Au Clair de lune.

Dessin au crayon noir. Encadré.

SANDOZ

226 — Prise de Stralsund, d'après Lecomte

Dessin au crayon noir, rehaussé de lavis.

VERNET (Carle)

227 — Napoléon à Austerlitz ; tête de chapitre.

Dessin à la sépia.

WICAR (J.-B.)

228 — Buste de Bonaparte, de profil, d'après Canova.

Dessin au crayon noir. Encadré.

229 — Buste de Bonaparte, de face, d'après Canova.

Dessin au crayon noir, encadré.

DIVERS

230 — Épée de cérémonie.

Dessin rehaussé d'aquarelle. Encadré.

231 — Gardes et Lames d'épées de cérémonies.

Deux dessins rehaussés d'aquarelle. Encadrés.

232 — Poignées et Gardes d'épées.

Trois dessins à la plume.

233 — Bijoux. — Objets d'art et d'orfèvrerie. — Ornements.

Soixante-deux dessins à la plume.

234 — Suspension.

Dessin au lavis d'encre de Chine. Encadré.

DIVERS

235 — Suspensions et détails.

Quatre dessins à la plume.

236 — Trois Cadres contenant des portraits de Napoléon Ier, des uniformes et divers sujets militaires.

Gravures, Dessins et Aquarelles.

www.ingramcontent.com/pod-product-compliance
Ingram Content Group UK Ltd.
Pitfield, Milton Keynes, MK11 3LW, UK
UKHW020515180726
13839UKWH00005B/2093